ICH SEHNE MICH
NACH LICHT
UND LIEBE

ICH SEHNE MICH NACH LICHT UND LIEBE

Die schönsten erotischen Gedichte von Frauen

Herausgegeben von Sabrina Melandri
Mit Illustrationen von Gustav Klimt

THIELE  VERLAG

INHALT

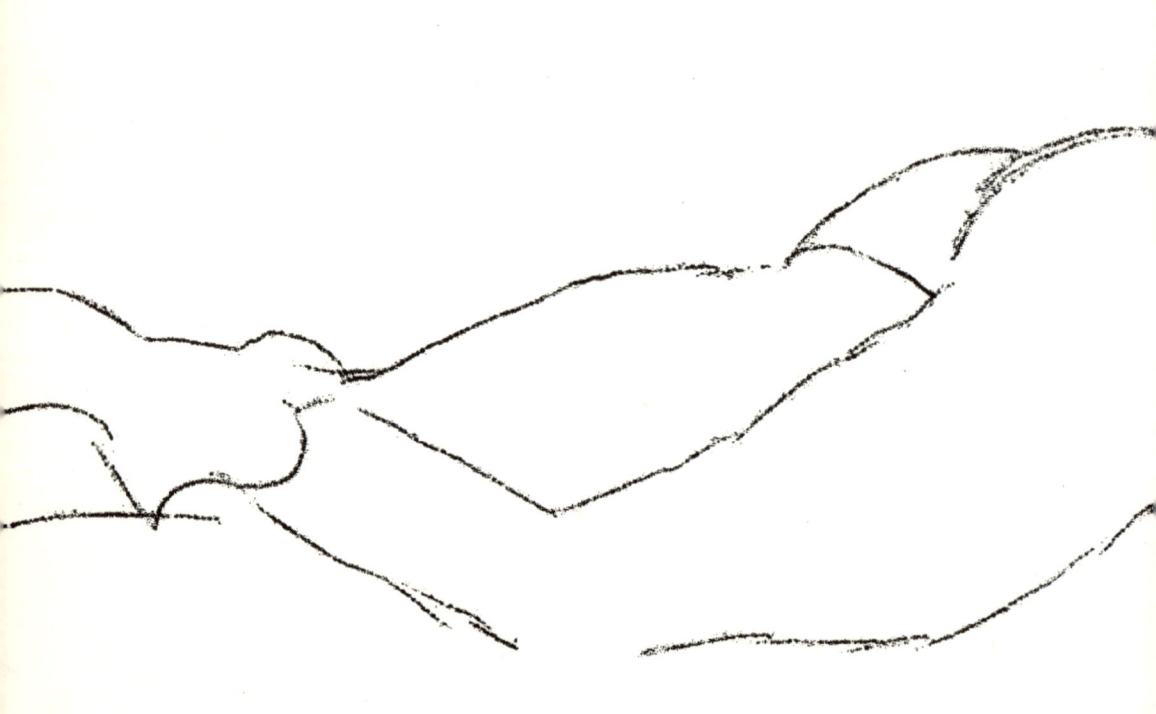

Herzenswunsch

Bibel

Meine Hände seien wie Ströme
in deinen Haaren.

Meine Brüste wie reife Orangen.

Mein Leib ein warmes Rohr für deine Männlichkeit.

Meine Beine und Arme seien wie Tore,
wie Häfen für deine Gewitter.

Mein Haar Baumwolle in Frucht.

Für deinen Körper sei eine Hängematte mein Körper,
mein Geist dein Gefäß,
dein tiefer Weg.

GIACONDA BELLI
(°1948)

Sonnenblume

Von der Sonnenblume
möchte ich lernen,
wie ich dir mein Gesicht
zuwende.

CHRISTINE BUSTA
(1915–1987)

Die Kraft der zwei kupfernen Pflaumen

Die Kraft der zwei kupfernen Pflaumen
mit Silber darauf
schafft langsam, sehr langsam Befriedigung.
Wie alles zu Ende geht,
fällt Tau auf meine geballte Hand.

Liebe wäre es, wenn die Bohne gelb blühte,
und er wäre hier!

GEISHA-LIED
(18. JAHRHUNDERT)

Versöhnung

Es wird ein großer Stern in meinen Schoß fallen …
Wir wollen wachen die Nacht,

In den Sprachen beten,
Die wie Harfen eingeschnitten sind.

Wir wollen uns versöhnen die Nacht –
So viel Gott strömt über.

Kinder sind unsere Herzen,
Die möchten ruhen müdesüß.

Und unsere Lippen wollen sich küssen,
Was zagst du?

Grenzt nicht mein Herz an deins –
Immer färbt dein Blut meine Wangen rot.

Wir wollen uns versöhnen die Nacht,
Wenn wir uns herzen, sterben wir nicht.

Es wird ein großer Stern in meinen Schoß fallen.

ELSE LASKER-SCHÜLER
(1869–1945)

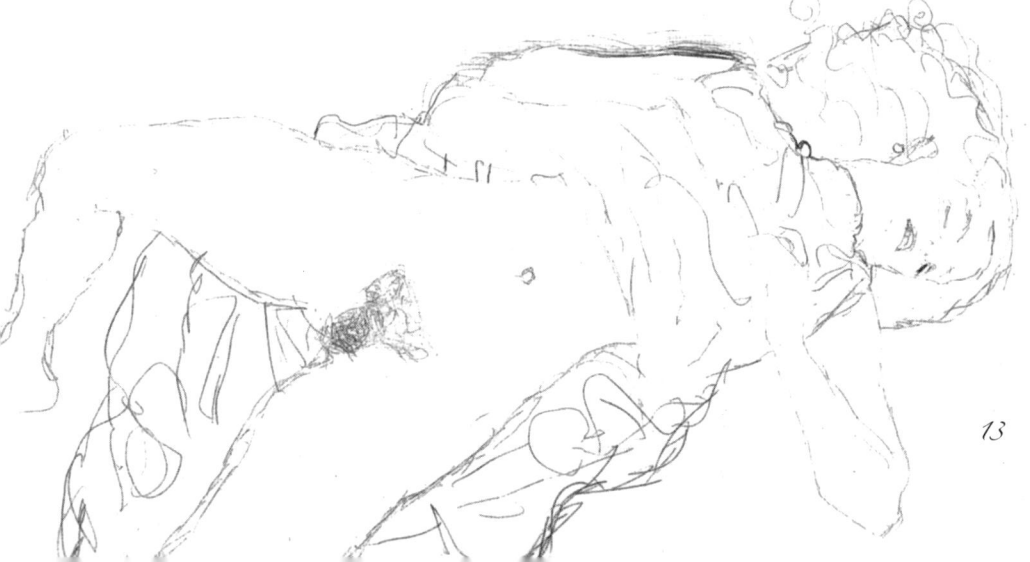

Straight Flush

Wenn du Glück hast
mit uns und dieses stille
Leuchten in deinem Gesicht
übergreift auf mich,

dann möchte ich wieder
einfach zusammenfallen
wie ein Haus
an der Kartenstraße
Herz.

KARIN KIWUS
(°1942)

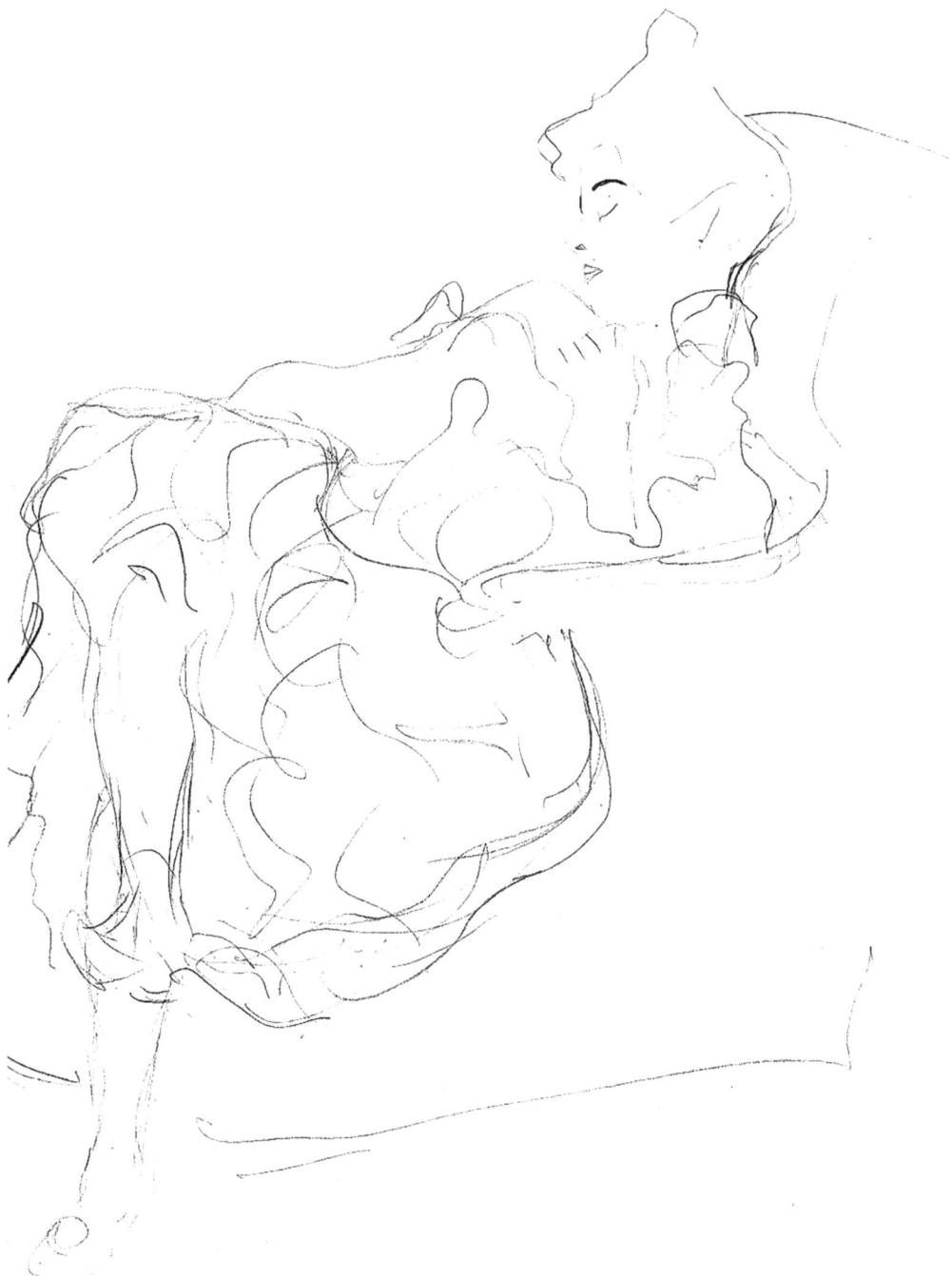

Du

Du
meine zärtlichste Freundin
bin ich
zwischen Himmel und Erde

Zwischen Himmel und Erde
dein Gesicht und meines
deine Hände und meine
sanft wie Inseln
in der Wüste

Du
die mich zärtlich berührt
wie ein trauriges Kind
zwischen Himmel und Erde

Zwischen Himmel und Erde
ein Netz
das deinen Sturz und meinen
auffängt
bis ans Ende des Horizonts.

ANGELIKA MECHTEL
(1943–2000)

Schlaflied für dich

Komm zu mir, dann wieg' ich dich,
wiege ich dich zur Ruh'.
Komm zu mir und weine nicht,
mach die Augen zu.

Ich flechte dir aus meinem Haar
eine Wiege, sieh!
Schläfst drin aller Schmerzen bar,
träumst drin ohne Müh'.

Meine Augen sollen dir
blinkend Spielzeug sein.
Meine Lippen schenk' ich dir –
trink dich in sie ein.

SELMA MEERBAUM-EISINGER
(1924–1942)

Komm heim zu mir

Komm heim zu mir
denn bist du fern
sind mir die Hände abgeschlagen
die Augen ausgestochen
und Flammen sengen meine Haut
da ich nicht bei mir bin
wenn du nicht bei mir bist
Geliebter

BRIGITTA RAMBECK

Bekränze dich

Das junge Gerank
    blühenden Dills
        winde mit weichen Händen
zum Kranze und leg's
    leicht auf dein Haar,
        das du gelöst, o Dike.
Dem Mädchen, um das
    Blumenduft schwebt,
        neigen sich die Chariten,
die seligen, zu.
    Aber ihr Blick
        meidet die Unbekränzten.

SAPPHO
(UM 600 V. CHR. AUF LESBOS)

19

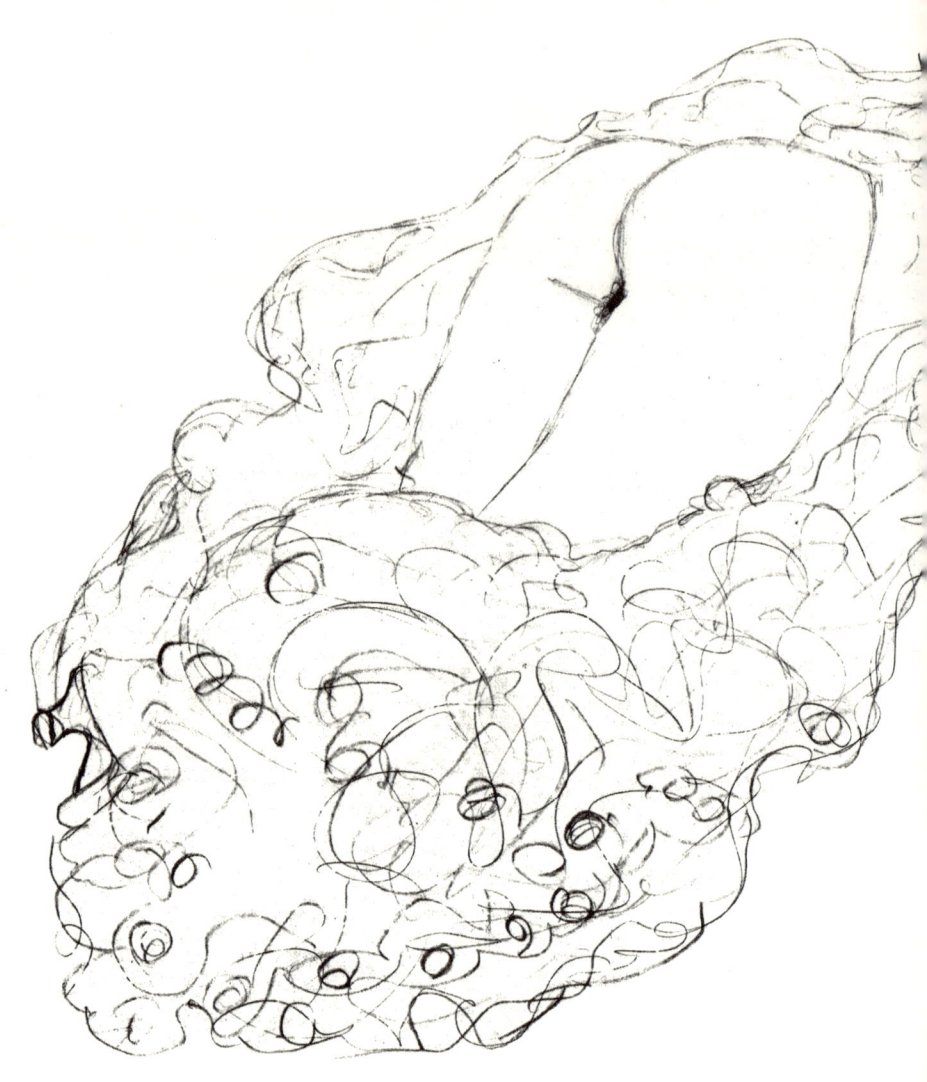

Augenblick

Wie ein Krug

In den guten Tagen, mit Regen,
als unerschöpflich
wir uns liebten,
als wir einander
öffneten, einer dem andern,
wie heimliche Höhlen,
in diesen Tagen, Geliebter,
wie ein Krug fing mein Körper
all das weiche Wasser auf,
das du über mich gabst,
und jetzt,
in diesen dürren Tagen,
wenn deine Abwesenheit die Haut
schmerzt und aufschürft,
fließt Wasser aus meinen Augen,
gesättigt von deinem Andenken,
und benetzt meinen trockenen Körper,
so leer und so voll von dir.

GIACONDA BELLI
(°1948)

Schlafweg

Leise gesponnene Fäden aus Tagtraum
zieht mein Herz hinter sich her.
Du versuchst es festzuhalten
und staunst vor den leeren Fingern,
an denen es glitzert wie Spott.
Mach die Tür auf.
Mein Schlafweg führt still hinaus in den Klee.
Und frag mich am Morgen nicht, wieso mein Haar
duftet nach Wildheit und sanftem Tau.
Vielleicht bringe ich dir einmal die Sterne
samt ihren Stielen mit heim,
und du darfst bei ihrem Schein blättern
in einem alten Buch,
in dem das Geheimnis der Liebe,
schon sehr verblaßt, für dich aufgeschrieben steht.

JEANNIE EBNER
(1918–2004)

Atem des Mondes

Wein in den Bauchnabel
mach dass mir anders
atmet der Mond

UTA FRANCK

Oper

Im zweiten Akt wo denn sonst
von Tristan und Isolde zog
ich dir die Schuh aus und dann
was Not tat. Ich flog

dir das Hosenbein rauf auf
klang der Akkord und so fort
erhob sich Applaus unterm
Bauch gerieten wir wort

los ins Spiel schlugen
mit Engelszungen scharfe
Töne an. Trugen

auf Lippenspitzen uns weich
durchs Nadelöhr ins Himmelreich.

ULLA HAHN
(°1946)

Alte Wörter

Ich reich dir vom Fuß bis an den Scheitel
Langgestreckt meine Taille; was ich sage
Vermessen: „immer" und „nie" und „niemals".
Die abgedroschenen süßen Sätze!
Von denen ich nach Nimmermehr schau.

SARAH KIRSCH
(°1935)

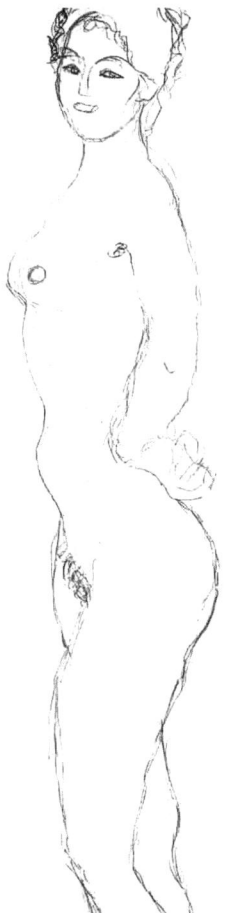

Manchmal

manchmal bei irgendwelchen zufälligen bewegungen
streift meine Hand deine Hand deinen Handrücken
oder mein Körper der in Kleidern steckt lehnt fast ohne es zu wissen
einen Augenblick gegen deinen Körper in Kleidern
diese kleinsten beinahe pflanzlichen Bewegungen
dein abgewinkelter Blick und dein Auge absichtslos ins Leere wandernd
deine im Ansatz noch unterbrochene Frage wohin fährst du im Sommer
was liest du gerade
gehen mir mitten durchs Herz
und durch die Kehle hindurch wie ein süszes Messer
und ich trockne aus wie ein Brunnen in einem heiszen Sommer

FRIEDERIKE MAYRÖCKER
(°1924)

Mein Herz ist wie ein singender Vogel

Mein Herz ist wie ein singender Vogel,
des Nest gebaut an rauschendes Wehr.
Mein Herz ist wie ein Apfelbaum
mit Ästen hangend von Früchten schwer.
Mein Herz ist wie eine schimmernde Muschel,
friedlich treibend durch stilles Meer.
Mein Herz ist nimmermehr beklommen,
denn mein Liebster ist gekommen.

CHRISTINA ROSSETTI
(1830–1894)

Liebe

Wie furchtbar auch die Flamme war,
In der man einst zusammenbrannte,
Am Ende bleibt ein wenig Glut.
Auch uns geschieht das Altbekannte.
Daß es nicht Asche ist, die letzte Spur von Feuer,
Zeigt unser Tagwerk. Und wie teuer
Die kleine Wärme ist, hab ich erfahren
In diesem schlimmsten Jahr
Von allen meinen Jahren.
Wenn wieder so ein Winter wird
Und auf mich so ein Schnee fällt,
Rettet nur diese Wärme mich
Vom Tod. Was hält
Mich sonst? Von unsrer Liebe bleibt: daß
Wir uns halten. Kein Gras
Wird auf uns sein, kein Stein,
Solange diese Glut glimmt.

Solange Glut ist,
Kann auch Feuer sein.

EVA STRITTMATTER
(1930–2011)

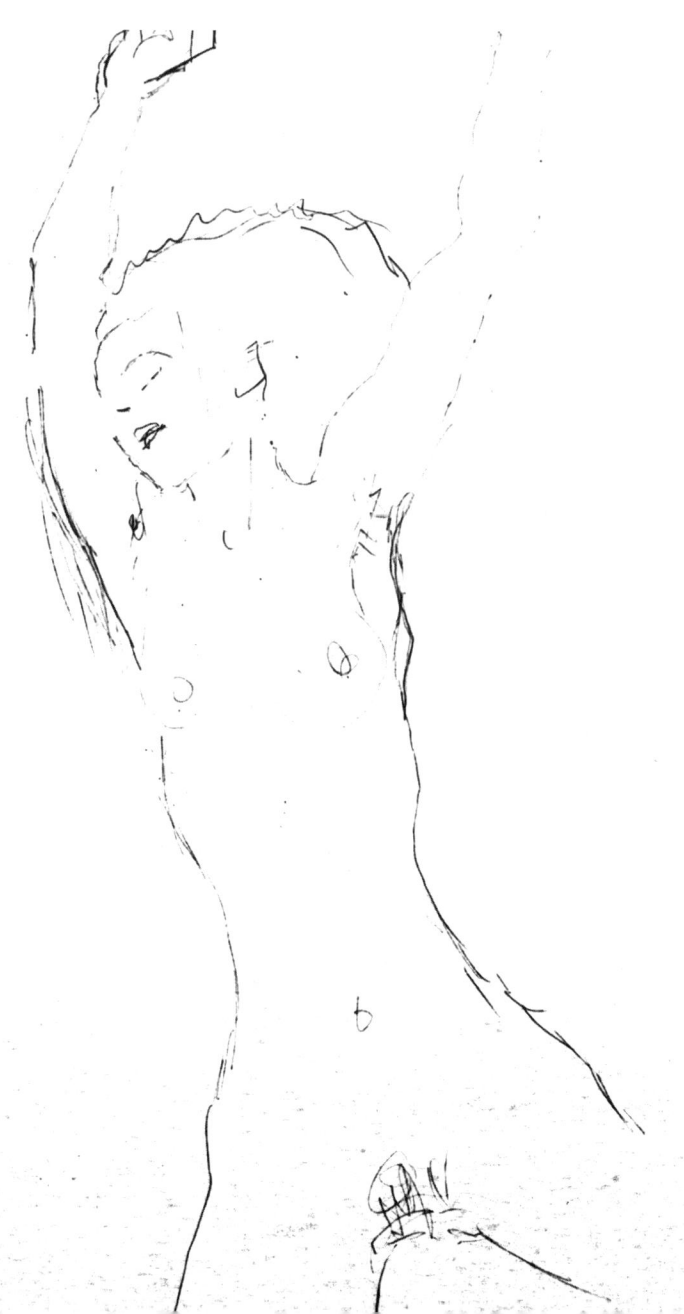

Rosenmund

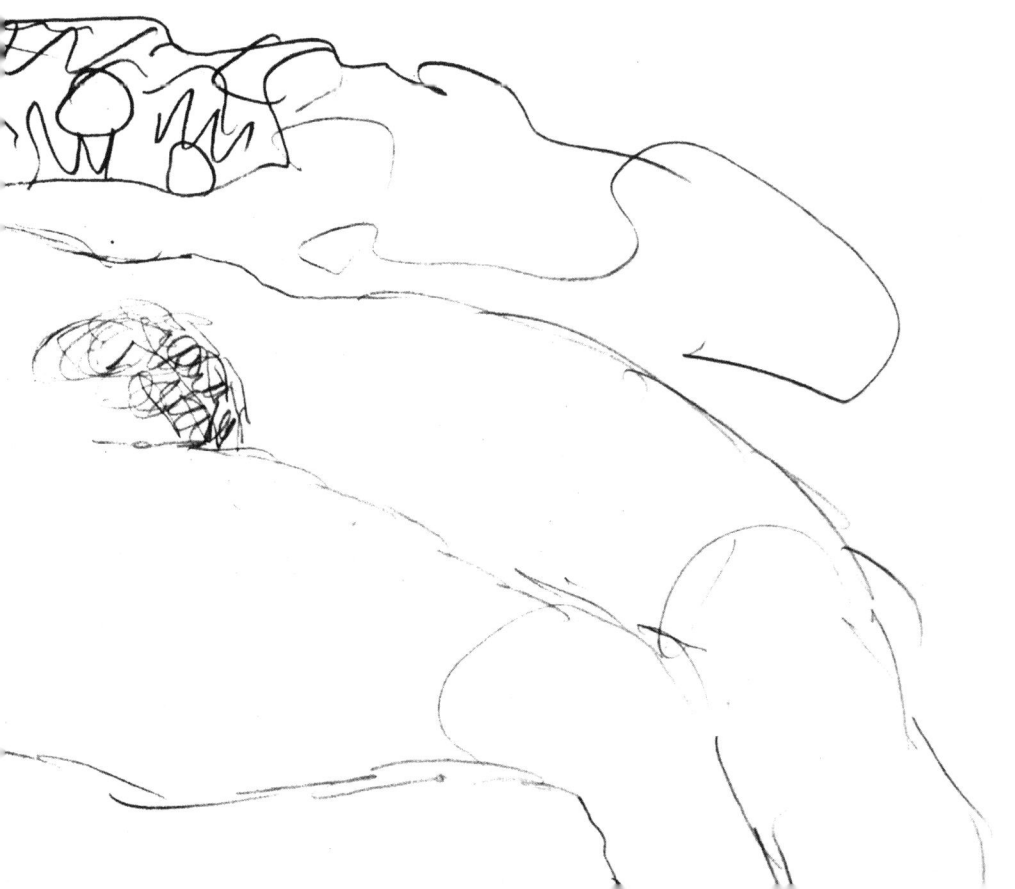

Gib mir dein knospendes Gesicht

Gib mir dein knospendes Gesicht,
daß meine Seele darauf weide,
und sich in seinem Frühlingslicht
ergehe wie auf einer Heide!

O gib mir deine weiche Hand,
mein hartes Sein in sie zu legen,
und führ es in dein Liebesland
aus blauer Luft und seidnen Wegen!

O gib mir deinen weißen Mund,
ich will ihn rot mit meinem färben!
O laß uns, Liebster, Mund an Mund,
in einem ewigen Kusse sterben!

ROSE AUSLÄNDER
(1901–1988)

Dein Mund auf meinem

Dein Mund auf meinem.
Ich verlor allen Umriß.
Tausend kleine Blüten
öffneten ihre Kelche
auf meinem Körper.

Du küßtest mich zärtlich
und gingst.

Trockene Scham wie ein Feuer
stand rot mir
auf Bauch und Brüsten.

HILDE DOMIN
(1909–2006)

Deine Lippen

deine lippen legen an
auf mich ich flieh unter
den schutz deiner zunge

FRIEDERIKE FREI

Der Kuß im Traume
aus einem ungedruckten Romane

Es hat ein Kuß mir Leben eingehaucht,
Gestillet meines Busens tiefstes Schmachten,
Komm, Dunkelheit! mich traulich zu umnachten,
Daß neue Wonne meine Lippe saugt.

In Träume war solch Leben eingetaucht,
Drum leb ich, ewig Träume zu betrachten,
Kann aller andern Freuden Glanz verachten,
Weil nur die Nacht so süßen Balsam haucht.

Der Tag ist karg an liebesüßen Wonnen,
Es schmerzt mich seines Lichtes eitles Prangen
Und mich verzehren seiner Sonne Gluten.
Drum birg dich Aug dem Glanze ird'scher Sonnen!
Hüll dich in Nacht, sie stillet dein Verlangen
Und heilt den Schmerz, wie Lethes kühle Fluten.

KAROLINE VON GÜNDERRODE
(1780–1806)

Küß mich

Küß mich noch einmal, küß mich wieder, küsse
Mich ohne Ende. Diesen will ich schmecken,
In dem will ich an deiner Glut erschrecken,
Und vier für einen will ich, Überflüsse

Will ich dir wiedergeben. Warte, zehn
Noch glühendere, bist du nun zufrieden?
O daß wir also, kaum mehr unterschieden,
Glückströmend ineinander übergehn.

In jedem wird das Leben doppelt sein.
Im Freunde und in sich ist einem jeden
Jetzt Raum bereitet. Laß mich Unsinn reden:

Ich halt mich ja so mühsam in mir ein
Und lebe nur und komme nur zur Freude,
Wenn ich, aus mir ausbrechend, mich vergeude.

LOUISE LABÉ
(1524–1566)

eine jede hat einen kirschenmund

eine jede hat einen kirschenmund
wenn im juni das gras
bis zum halse geht
mit aufgesprungenen lippen wenn
im juni die liebe
am höchsten steht
herzkirschen sind deine nippel wenn
im juni die liebe
am schnellsten schlägt
und ein kirschroter kern
hat im fruchtigen fleisch
sein fest
wenn im juni ein kirsch
roter mond hängt beschwipst
im geäst

SYBIL VOLKS

Welches nur ist das Wort

Welches nur ist das Wort
für die nackte Liebe,
die vollkommen und maßlos ist,
ohne Grenzen, unwiderruflich,
und von schamlosem Glanz,
den du über mir ausgießt
wie feines Gold.

Welches nur ist das Wort
für die Art,
wie ich über deine Lippen gehe,
wie du in dir bist.

Welches nur ist das Wort
für den Atem,
der sich mit deinem mischt,
Mund an Mund,
immer wieder und noch
ganz zuletzt.

Welches nur ist das Wort

HÉLÈNE WIENER
(°1978)

Liebeszauber

Innen sind deine Augen Fenster

Innen sind deine Augen Fenster
auf ein Land, in dem ich in Klarheit stehe.
Innen ist deine Brust ein Meer,
das mich auf den Grund zieht.
Innen ist deine Hüfte ein Landungssteg
für meine Schiffe, die heimkommen
von zu großen Fahrten.

Das Glück wirkt ein Silbertau,
an dem ich befestigt liege.

Innen ist dein Mund ein flaumiges Nest
für meine flügge werdende Zunge.
Innen ist dein Fleisch melonenlicht,
süß und genießbar ohne Ende.
Innen sind deine Adern ruhig
und ganz mit dem Gold gefüllt,
das ich mit meinen Träumen wasche
und das mich einmal aufwiegen wird.

Du empfängst Titel, deine Arme umfangen Güter,
die an dich zuerst vergeben werden.

Innen sind deine Füße nie unterwegs,
sondern schon angekommen in meinen Samtlanden.
Innen sind deine Knochen helle Flöten,
aus denen ich Töne zaubern kann,
die auch den Tod bestricken werden …

INGEBORG BACHMANN
(1926–1973)

Sonett von erfüllter Liebe

Ich liebe deines Mundes Bitterkeit.
der schmalen Augen strenge Spangen,
vom vagen Frieden deiner Stirn gefangen
wie Sterne, grünlich blinkend, himmelsweit.

Die dichten Wimpern, trotzig eingerollt
und jenes Lächeln, das du nur vermagst,
wenn du das Blut bis in den Aufstand jagst –
in Augenblicken von vieltausend Volt.

Des langen Schlafes Unschuld lieb ich sehr –
aus der mein Kuß dich immerfort vertreibt,
auf fest verschloßne Lippen. Und ich hör
den Seufzer, der von deinen Träumen bleibt.

Mein Kuß, der blütengleich, durchscheinend steht
und in dem Licht des Tags vergeht.

NINA CASSIAN
(°1924)

Hochzeitsnacht

Ich bring' dir was mit aus Träumeland.
Einen backofen-warmen Alleinestrand.
Einen küssebestickten Sonntag-im-Bett.
Ein Könnte-von-Mozart-sein-Menuett.
Streichelbordüren auf nackter Haut.
Ein gegen Sehnsucht gewachsenes Kraut.
Wolkenpüree und Sternekompott.
Ein EKG vom lieben Gott.
Ich fliege für dich Kassiopeia entlang,
im Haar den Sonnenuntergang,
und biege dir mit geneigtem Mund
die graden Regenbögen rund.

MIRIAM FRANCES
(°1943)

47

So

Auf der rechten Seite
so liegen daß
die Knie das Kinn
fast berühren. Sich den
Rücken freihalten für einen
nicht zu weichen
schmiegsamen Bauch.
Beine auch die mit meinen
scharf in die Kurve gehn
zwanzigfach Zeh'n
ganz unten. Ums Herz
in der linken Brust eine
Hand die den Schlag spürt
und bleibt im Nacken
ein schlafender Mund Speichelfäden.
Morgens aufwachen.
Immer noch da sein.
So.

ULLA HAHN
(°1946)

Maß der Liebe

Wie du mir nötig bist? Wie Trank und Speise
Dem Hungernden, dem Frierenden das Kleid,
Wie Schlaf dem Müden, Glanz der Meeresreise
Dem Eingeschloßnen, der nach Freiheit schreit.

So lieb ich Dich. Wie dieser Erde Gaben
Salz, Brot und Wein und Licht und Windeswehen,
Die, ob wir wir sie auch bitter nötig haben,
Sich doch nicht allezeit von selbst verstehen.

Und tiefer noch. Denn auch die ungewissen
Und fernen Mächte, die man Gott genannt,
Sie drangen mir zu Herzen mit den Küssen,

Den Worten Deines Mundes und die Blüte
Irdischer Liebe nahm ich mir zum Pfand
Für eine Welt des Geistes und der Güte.

MARIE LUISE KASCHNITZ
(1901–1974)

Ein Wunder

Ein Wunder ist, was hier geschah,
Und staunend faßt es mich.
Denn ich bin du geworden
Und du, du wurdest ich.

Sonst hatt' ich Wangen rosenfarb,
Und Blondhaar weich und licht,
Nun schaut aus diesem Spiegel
Ein neues Angesicht!

Wie ward mir diese Felsenstirn,
Dies strenge Brauenpaar,
Dies braune Falkenauge,
Dies krause Rabenhaar?

Mir selber bin ich neu und lieb,
Und staunend faßt es mich,
Halt' ich in meinen Armen
Mich selbst, mein schwarzes Ich.

ISOLDE KURZ
(1853–1944)

Unentschieden

Du willst mich nicht
Sprichst du mir ins Gesicht
Liebeszauber sei dir unbekannt
Hältst mehr als meine Hand
Drückst mir Deins an Meins
Flüsterst warmatmend in mein Ohr
Bin ich verstört, hab mich verhört?
Was kommt danach, was war davor?

SABINA PHILIPPA ORTLAND

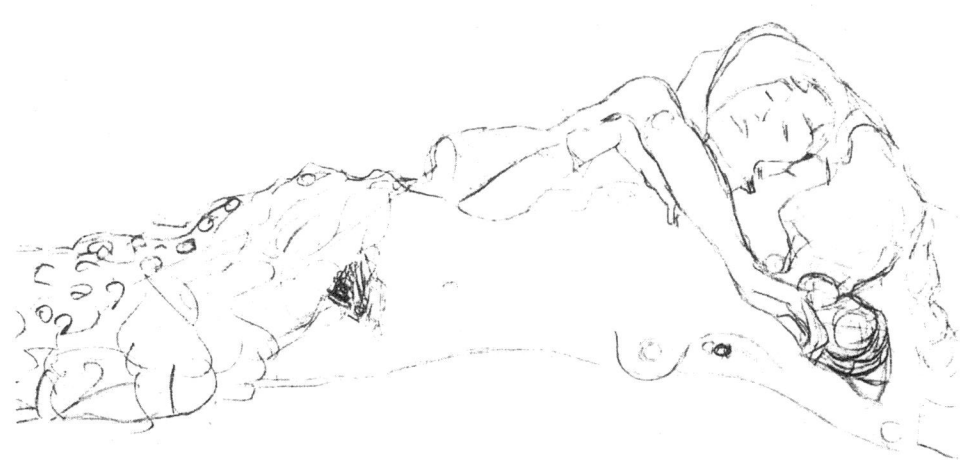

Heimlich zur Nacht

Ich habe dich erwählt
Unter allen Sternen.

Ich bin wach – eine lauschende Blume
Im summenden Laub.

Unsere Lippen wollen Honig bereiten,
Unsere schimmernden Nächte sind aufgeblüht.

An dem seligen Glanz deines Leibes
Zündet mein Herz seine Himmel an –

Alle meine Träume hängen an deinem Golde,
ich habe dich gewählt unter allen Sternen.

ELSE LASKER-SCHÜLER
(1869–1945)

Sinnenrausch

Ich bin

Ich bin dein Bett,
dein Boden,
bin deine Kürbisflasche,
dahinein ergießt du dich und verlierst nichts von dir,
denn ich liebe deinen Samen
und bewahre ihn.

GIACONDA BELLI
(°1948)

Ophelia

Schöner Fluß löst mir all mein
Haar dunkler Hochzeitskranz
Leckst mir in die Ohren den
kitzligen Nabel drückst mir
blasige Küsse aus Nase und Mund
Schwingst meine Brüste verströmst dich
beständig vor und zurück
All mein Fleisch all dein Wasser
Winden und Winseln
Wie wollen sie eins sein mit dir.

ULLA HAHN
(°1946)

Mein Liebeslied

Sascha, dem himmlischen Königssohn

Auf deinen Wangen liegen
Goldene Tauben.

Aber dein Herz ist ein Wirbelwind,
Dein Blut rauscht, wie mein Blut –

Süß
An Himbeersträuchern vorbei.

O, ich denke an dich – –
Die Nacht frage nur.

Niemand kann so schön
Mit deinen Händen spielen,

Schlösser bauen, wie ich
Aus Goldfinger;

Burgen mit hohen Türmen!
Strandräuber sind wir dann.

Wenn du da bist,
Bin ich immer reich.

Du nimmst mich so zu dir,
Ich sehe dein Herz sternen.

Schillernde Eidechsen
Sind dein Geweide.

Du bist ganz aus Gold –
Alle Lippen halten den Atem an.

ELSE LASKER-SCHÜLER
(1869–1945)

Trieb

Es treiben mich brennende Lebensgewalten,
Gefühle, die ich nicht zügeln kann,
Und Gedanken, die sich zur Form gestalten,
Fallen mich wie Wölfe an!

Ich irre durch duftende Sonnentage …
Und die Nacht erschüttert von meinem Schrei.
Meine Lust stöhnt wie eine Marterklage
Und reißt sich von ihrer Fessel frei.

Und schwebt auf zitternden, schimmernden Schwingen
Dem sonn'gen Thal in den jungen Schoß,
Und läßt sich von jedem Mai'nhauch bezwingen
Und giebt der Natur sich willenlos.

ELSE LASKER-SCHÜLER
(1869–1945)

Erotischer Neunzeiler

Du mundest mir
dein Salz auf meiner Zunge
scharf
wie deine Säfte
kräftig
noch und noch
und mehr davon
verzückter Spender
gib deinem Ständer keine Ruh

ILMA RAKUSA
(°1946)

Heißestes Lieben

Schling mir den Arm um die lechzenden Glieder,
leg deinen Kopf an mein sehnendes Herz,
küsse nur Lippen und Busen und Augen,
laß uns vergessen, vergessen den Schmerz.

Laß mit dem Leben, dem brausenden Leben,
voll uns durchschauern die Liebesnacht,
gib mir dein heißes, dein heißestes Lieben,
morgen schon trennt uns der helle Tag.

Laß uns, o laß uns nicht wieder scheiden,
halte mich fest, noch bin ich ja dein.
Laß uns zusammen jauchzen und leiden,
laß mich, o laß mich nicht wieder allein.

Ehe das Leben, das grausame Leben,
eisig uns trennt mit bitterem Weh,
gib mir den Tod in glühenden Küssen,
laß mich in deiner Liebe vergehn.

Mag nun wehn der Lebenssturm
unerbittlich und rau –
einmal in Wonne hab' ich doch
Freiheitssterne geschaut.

Mögen die Wolken in irrem Spiel
treiben im Himmelsraum –
hab' ich doch einmal an deiner Brust
geträumt den seligsten Traum.

Muß ich nun auch in heißestem Kampf
sterben und untergehn –
einmal hab' ich doch dem Glück
ins leuchtende Auge gesehn.

FRANZISKA ZU REVENTLOW
(1871–1918)

Ekstase

Hörst du das Wort
HERZ
in den Bäumen rasen
Geliebte?
Unsere Schläfen klopfen
sich frei
in unseren Scheiden
wird die Einsamkeit
gewogen
und siehst du:
ganz leicht steigt sie auf
ins Bodenlose
unendlich
liebe ich
deinen endlichen
LEIB

MARGOT SCHROEDER
(°1937)

Walk on the Wild Side

du ich zittre nach dir
bespring mich
laß deinen arsch kreisen
meine hand huldigt seinem tanz
bette dich in meine schlüpfrigen schenkel
trink mich
ich träume uns derweil
überallhin

CAT STIEGLITZ

Lustschmerz

Gestern nacht

Gestern nacht erst
warst du wie ein nackter Kämpfer
der über dunkle Felsen sprang.
Ich, auf meinem Beobachtungsposten
in der Ebene
sah ich dich deine Waffen schwingen
und heftig in mich dringen.
Ich öffnete die Augen
und noch immer warst du ein Schmied
der den Funkenamboß schlug
bis mein Geschlecht explodierte wie eine Granate
und wir beide starben im Mondsplitterhagel.

GIACONDA BELLI
(°1948)

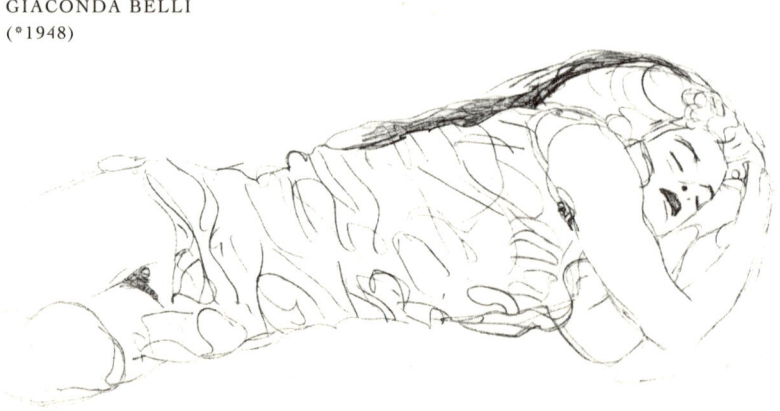

EROS
beim Lesen der Sappho

Ach Schwester immer noch ist es das gleiche
Süßbitter schüttelt es und schleudert hin
Uns jäh wozu du „Wildtier" sagst Ich bin
Manchmal nicht mehr Wenn zurück ich weiche

Packt es mich heftiger noch und zerbeißt
Was ist an Einspruch in mir mit Behagen
Von einer Art daß ich trotz allem Klagen
Beglückt bin wenn es mir den Leib zerreißt

Nun soll es sein Da wir es überleben
Ja doch ein jedesmal was uns vorher
Unmöglich schien Und die beschwerten Glieder

Gelöst uns dann und schön wie nie sonst schweben
Im Raum Drum Eros komm Nicht klagen mehr
Will ich Komm näher ach und wirf mich nieder

GABRIELE ECKART
(°1954)

Oh Mann

Oh mann
du bist so
ich weiß nicht
nein nein nein
wieso denn ausgerechnet du
du bist
du bist doch ein schwein
ja das bist du
du bist ein schwein
das alle meine trüffel findet

CHRISTINA NELLY KUSKE

Ich leb, ich sterb

Ich leb, ich sterb: ich brenn und ich ertrinke,
ich dulde Glut und bin doch wie im Eise;
mein Leben übertreibt die harte Weise
und die verwöhnende und mischt das Linke

Mir mit dem Rechten, Tränen und Gelächter
Ganz im Vergnügen find ich Stellen Leides,
was ich besitz, geht hin und wird doch echter:
ich dörr in einem, und ich grüne, beides.

So nimmt der Gott mich her und hin. Und wenn
ich manchmal mein', nun wird der Schmerz am größten,
fühl ich mich plötzlich ganz gestillt und leicht.

Und glaub ich dann, ein Dasein sei erreicht,
reißt es mich nieder aus dem schon Erlösten
in eine Trübsal, die ich wiederkenn.

LOUISE LABÉ
(1524–1566)

Ich sah dein Bild die ganze Nacht

Ich sah dein Bild die ganze Nacht,
und in mir stöhnte dumpf das Tier,
und meine Sehnsucht schrie nach dir
die ganze Nacht – die ganze Nacht.

Nach dir und deiner jungen Kraft,
die meiner Launen Trotz bezwungen,
O, wie du kniend mich umschlungen
in deiner tollen Leidenschaft.

Ich sehnte mich so sehr nach dir,
nach deiner Zimmer schwülen Düften,
nach deinen götterschlanken Hüften,
nach deiner Ringe goldner Zier.

Du lächelst stolz: „Ich hab's gewußt",
und wißt doch nicht, wie ich mich sehne,
zu graben meine Raubtierzähne
in deine nackte Jünglingsbrust.

MARIE MADELEINE

Ich bin ein roter Rosenstrauch

Ich bin ein roter Rosenstrauch,
Und du bist meine Erde.
Um meine Wurzeln liegst du warm,
Damit ich knospend werde.

Ich bin ein roter Rosenstrauch,
Und du bist meine Sonne.
Ich dehne näher mich zu dir
In meines Wachsens Wonne.

Ich wohn in deiner Liebe Schoß
Mit meinen Wurzeln allen
Und werde blühen wunderbar
In deiner Liebe Strahlen.

PAULA VON PRERADOVIC
(1887–1913)

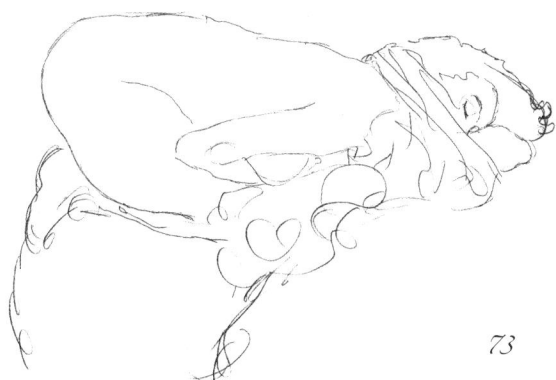

Zwei Fragmente

Wieder erschütterte mir das Herz
Eros, so wie der Wind in die Eichen des Berges fällt.

Und wieder mich Eros, der gliederlösende, beugt und biegt
das süßbittere, rettungslose Wildtier.

SAPPHO
(UM 600 V. CHR. AUF LESBOS)

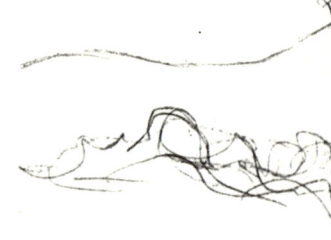

Blind sein

Blind sein
und noch mal
die Zunge
die große
die mich bedeckt
sich festhakt in
meinem Fleisch
mich dehnt
mich ausstopft
dampft auf mir
mich mürbe schlägt
die mich zerreibt
fühlt wie ich

die scharfe Zunge
die blutlos schreibt
nichts habe ich
gesehen
lese während sie schreibt
meine Haut ist zerschnitten
von schönen Zeichen
unheilbar
wählerisch
so tief es geht
Blind sein
mit viel mehr Haut

HANNELIES TASCHAU
(°1937)

Traumnacht

Liebe

Wir werden uns wiederfinden
im See
du als Wasser
ich als Lotusblume

Du wirst mich tragen
ich werde dich trinken

Wir werden uns angehören
vor allen Augen

Sogar die Sterne
werden sich wundern:
hier haben sich Zwei
zurückverwandelt
in ihren Traum
der sie erwählte

ROSE AUSLÄNDER
(1901–1988)

Erfinden wir unsere eigene Sprache

Geliebter,
und uns werden die Augen groß:
Dinge sehen wir dann, die niemand sah,
Wege zwischen den Wolken,
Lieder in den Weizenfeldern.
Unter die Röcke sehen wir dann dem Wind,
wie seine Lippen das Wasser küssen.
Wir gehen dann ungezwungen,
ohne Schuhe und nackt,
wie unsichtbare Geister.
Worte und Lachen malen wir dann
Auf die Mauern in der Welt,
während aus unseren Körpern die Liebe strömt,
sprudelnd,
      gluckernd,
           plätschernd wie aus Brunnen.

GIACONDA BELLI
(*1948)

Herbstaugen

Presse dich eng
an den Boden.

Die Erde
riecht noch nach Sommer,
und der Körper
riecht noch nach Liebe.

Aber das Gras
ist schon gelb über dir.
Der Wind ist kalt
und voll Distelsamen.

Und der Traum, der dir nachstellt,
schattenfüßig,
dein Traum
hat Herbstaugen.

HILDE DOMIN
(1909–2006)

Unschlaflied

Ich liege mit deinen Träumen
Märchen mit Wildkatzenaugen
Jede Nacht
Türkisblau Staunen
Steint
Silberne Panther fressen mein Herz
Vögel wachsen
Rosen zwitschern
Stirnschaum an goldenen Kugeln tropft
Ich liege mit deinen Träumen
Jede Nacht
Sterb ich nach dir

CLAIRE GOLL
(1890–1977)

Die frühen Jahre

Ausgesetzt
In einer Barke von Nacht
Trieb ich
Und trieb an ein Ufer.
An Wolken lehnte ich gegen den Regen.
An Sandhügel gegen den wütenden Wind.
Auf nichts war Verlaß.
Nur auf Wunder.
Ich aß die grünenden Früchte der Sehnsucht,
Trank von dem Wasser, das dürsten macht.
Ein Fremdling, stumm vor unerschlossenen Zonen,
Fror ich mich durch die finsteren Jahre.
Zur Heimat erkor ich mir die Liebe.

MASCHA KALÉKO
(1907–1974)

Ein Liebeslied

Komm zu mir in der Nacht – wir schlafen engverschlungen.
Müde bin ich sehr, vom Wachen einsam.
Ein fremder Vogel hat in dunkler Frühe schon gesungen,
Als noch mein Traum mit sich und mir gerungen.

Es öffnen Blumen sich vor allen Quellen
Und färben sich mit deiner Augen Immortellen …

Komm zu mir in der Nacht auf Siebensternenschuhen
Und Liebe eingehüllt spät in mein Zelt.
Es steigen Monde aus verstaubten Himmelstruhen.

Wir wollen wie zwei seltene Tiere liebesruhen
Im hohen Rohre hinter dieser Welt.

ELSE LASKER-SCHÜLER
(1869–1945)

Wenn du kommst –

Wollen wir den Tag im Kelch der Nacht verstecken,
Denn wir sehnen uns nach Nacht.
Goldene Sterne sind unsere Leiber
Die wollen sich küssen – küssen.

Spürst du den Duft der schlummernden Rosen
Über die dunklen Rasen –
So soll unsere Nacht sein.
Küssen wollen sich unsere goldenen Leiber.

Immer sinke ich in Nacht zur Nacht.
Alle Himmel blühen dicht von funkelnder Liebe.
Küssen wollen sich unsere Leiber, küssen – küssen.

ELSE LASKER-SCHÜLER
(1869–1945)

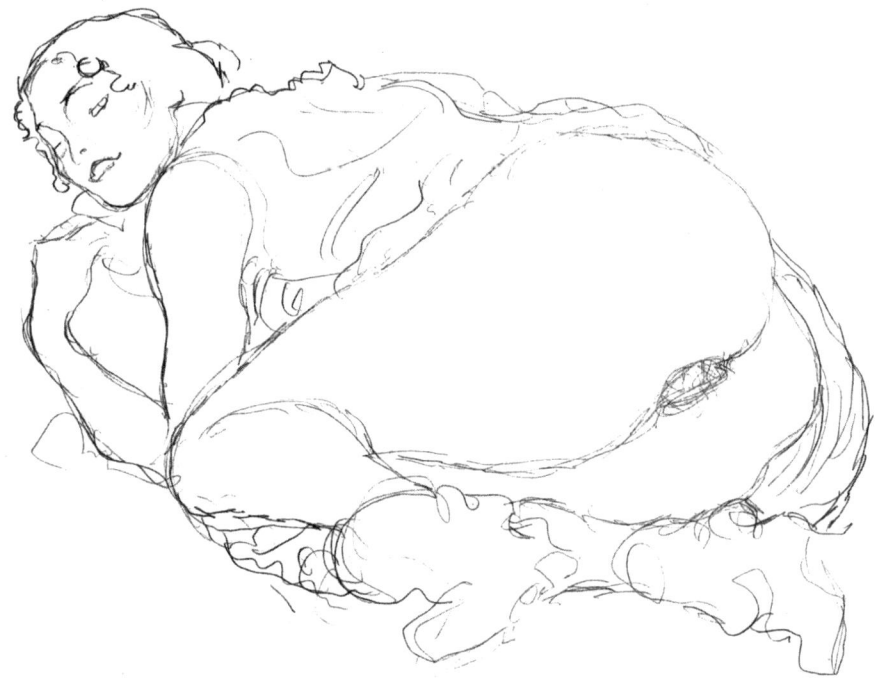

Ich bin die Nacht

Ich bin die Nacht. Meine Schleier sind
viel weicher als der weiße Tod.
Ich nehme jedes heiße Weh
mit in mein kühles, schwarzes Boot.

Mein Geliebter ist der lange Weg.
Wir sind vermählt auf immerdar.
Ich liebe ihn, und ihn bedeckt
mein seidenweiches, schwarzes Haar.

Mein Kuß ist süß wie Fliederduft –
der Wanderer weiß es genau …
Wenn er in meine Arme sinkt
vergißt er jede heiße Frau.

Meine Hände sind so schmal und weiß,
daß sie ein jedes Fieber kühlen,
und jede Stirn, die sie berührt,
muß leise lächeln, wider Willen.

Ich bin die Nacht. Meine Schleier sind
viel weicher als der weiße Tod.
Ich nehme jedes heiße Weh
mit in mein kühles, schwarzes Boot.

SELMA MEERBAUM-EISINGER
(1924–1942)

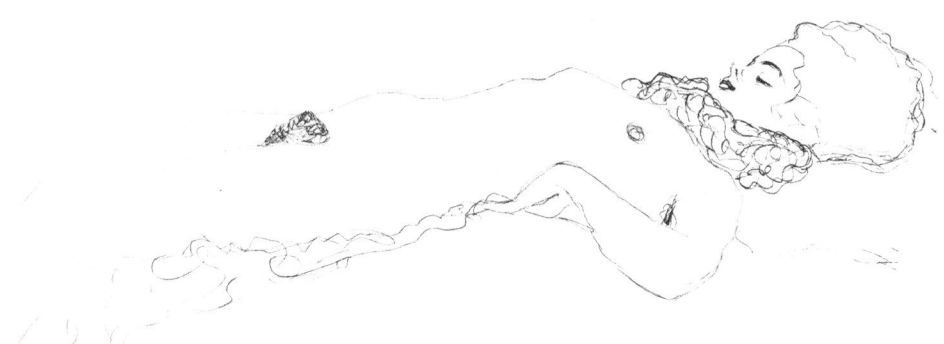

Fliegen

meine flügel ließ ich dir
du rupftest sie
für unser daunenbett
nun träume ich nachts
vom fliegen

DORIS RUNGE
(°1943)

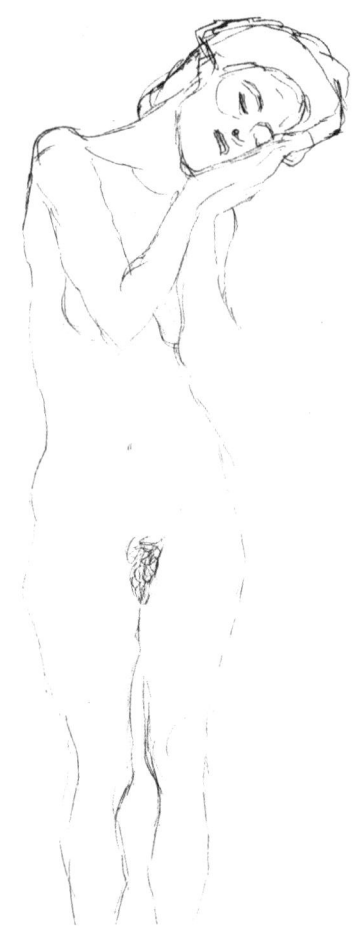

AUTORINNENREGISTER

TEXTNACHWEIS

Rose Ausländer: Ich ging in dich hinein. Liebe.
Aus: Die Erde war ein atlasweißes Feld. Gedichte
1927–1956. © 1985 S. Fischer Verlag, Frankfurt
am Main.

Rose Ausländer: Gib mir dein knospendes
Gesicht. Aus: Gedichte. © 2001 S. Fischer Verlag,
Frankfurt am Main.

Ingeborg Bachmann: Innen sind deine Augen
Fenster. Aus: Anrufung des Großen Bären.
© 1956 R. Piper & Co., München.

Giaconda Belli: Bibel. Ich bin. Gestern nacht. Wie
ein Krug. Erfinden wir unsere eigene Sprache.
Aus: Zauber gegen die Kälte. Erotische Gedichte.
© 1998 Deutscher Taschenbuch Verlag, München.

Christine Busta: Sonnenblume. Aus: Gedichte:
9 Bände. © 1995 Otto Müller Verlag, Salzburg.

Nina Cassian: Sonett von erfüllter Liebe. Aus:
Poesiealbum 55. © 1972 Verlag Neues Leben,
Berlin.

Hilde Domin: Mein Geschlecht zittert. Dein Mund
auf meinem. Herbstaugen. Aus: Gesammelte
Gedichte. © 1987 S. Fischer Verlag, Frankfurt am
Main.

Jeannie Ebner: Schlafweg. Aus: Die neue
Penelope. Ein Jeanne-Ebner-Lesebuch.
© 1998 Styria Verlag, Graz.

Gabriele Eckart: EROS. Aus: Tagebuch. Gedichte.
© 1978 Verlag Neues Leben, Berlin.

Miriam Frances: Hochzeitsnacht. Aus: Was mir
einfällt. Gedichte. © 1979 Schneekluth Verlag,
München.

Uta Franck: Atem des Mondes. Aus: In mir ist
eine Königin. Gedichte. © 1994 Haag + Herchen
Verlag, Hanau.

Claire Goll: Unschlaflied. Aus: Ich liege mit deinen
Träumen. Liebesgedichte. © 2009 Wallstein
Verlag, Göttingen.

Ulla Hahn: Oper. So. Ophelia. Aus: Spielende.
© 1983 Deutsche Verlags-Anstalt, Stuttgart.

Mascha Kaléko: Die frühen Jahre. Aus: In meinen
Träumen läutet es Sturm. © 1977 Deutscher
Taschenbuch Verlag, München.

Marie Luise Kaschnitz: Maß der Liebe. Aus:
Liebesgedichte. © 2005 Insel Verlag, Frankfurt am
Main.

Sarah Kirsch. Alte Wörter. Aus: Sämtliche
Gedichte. © 2005 Deutsche Verlags-Anstalt,
München.

Karin Kiwus: Straight Flush. Aus: Das Chinesische
Examen. © 1992 Suhrkamp Verlag, Frankfurt am
Main.

Isolde Kurz: Ein Wunder. Aus: Gedichte. © 1906 Cotta'sche Buchhandlung Nachfolger, Stuttgart.

Else Lasker-Schüler: Heimlich zur Nacht. Versöhnung. Mein Liebeslied. Trieb. Ein Liebeslied. Wenn du kommst. Aus: Gesammelte Werke in drei Bänden. Herausgegeben von Friedhelm Kemp. Band I: Gedichte 1902–1943. © 1996 Suhrkamp Verlag, Frankfurt am Main.

Friederike Mayröcker: Manchmal. Aus: Ausgewählte Gedichte 1944–1978. © 1979 Suhrkamp Verlag, Frankfurt am Main.

Angelika Mechtel: Du. Aus: Das Puppengesicht. Gedichte. © 1977 Aufbau Verlag, Berlin.

Selma Meerbaum-Eisinger: Schlaflied für dich. Ich bin die Nacht. Aus: Ich bin in Sehnsucht eingehüllt. © 1980 Hoffmann und Campe Verlag, Hamburg.

Sabina Philippa Ortland: Unentschieden. Aus: Splitterspiegelnackt. Erotische Gedichte aus Frauenfeder. © 2006 Sonderpunkt Verlag, Münster.

Paula von Preradovic: Ich bin ein roter Rosenstrauch. Aus: Gesammelte Gedichte. © 1951 Österreichische Verlags-Anstalt, Wien.

Ilma Rakusa: Erotischer Neunzeiler. Aus: Ein Strich durch alles. Neunzig Neunzeiler. © 1997 Suhrkamp Verlag, Frankfurt am Main.

Doris Runge: Fliegen. Aus: trittfeste schatten. Gedichte. © 2000 Deutsche Verlags-Anstalt, München.

Margot Schroeder: Ekstase. Aus: Ausweg Blau. Gedichte.

Eva Strittmatter: Liebe. Aus: Sämtliche Gedichte. © 2002 Aufbau Verlag, Berlin.

Hannelies Taschau: Blind sein. Aus: Gedichte. © 1969 Christian Wegner Verlag, Hamburg.

Sybil Volks: Rechte bei der Autorin.

Wir danken den Autorinnen und Verlagen für die freundlich erteilte Lizenz zum Abdruck. Leider war es trotz intensiver Recherche nicht möglich, alle Rechteinhaberinnen und Rechteinhaber ausfindig zu machen. Wir bitten, entsprechende Ansprüche an den Verlag zu richten, der selbstverständlich eine nachträgliche Honorierung der Abdruckrechte übernimmt.

www.thiele-verlag.com
E-Mail: j.thiele@thiele-verlag.com

BILDNACHWEIS

Alle Abbildungen:
Imagno/Austrian Archives und Brandstätter Images.

ISBN 978-3-85179-170-9

Covergestaltung: Christina Krutz, Riedstadt
Layout und Satz: Christine Paxmann text • konzept • grafik, München
Druck und Bindung: Grasl Druck & Neue Medien, Bad Vöslau
Printed in the EU

www.thiele-verlag.com